Manuel Joël

Verhältniss Albert des Grossen zu Moses Maimonides

Ein Beitrag zur Geschichte der mittelalterlichen Philosophie

Manuel Joël

Verhältniss Albert des Grossen zu Moses Maimonides
Ein Beitrag zur Geschichte der mittelalterlichen Philosophie

ISBN/EAN: 9783743389687

Hergestellt in Europa, USA, Kanada, Australien, Japan

Cover: Foto ©Thomas Meinert / pixelio.de

Manufactured and distributed by brebook publishing software (www.brebook.com)

Manuel Joël

Verhältniss Albert des Grossen zu Moses Maimonides

Verhältniss

...ert des Grossen zu Moses Maimonides.

Ein Beitrag

...r Geschichte der mittelalterlichen Philosophie

von

Dr. M. Joël,
Rabbiner.

Zweiter unveränderter Abdruck der 1863er Ausgabe.

Breslau, 1876.
H. Skutsch Verlagsbuchhandlung.

Die zahlreichen Schriften, die auf den Namen Albert des Grossen[1]) gehen, und die in der keineswegs vollständigen Edition des Dominicaners Jammy 21 Folianten füllen, strotzen von einer solchen Menge von Autorennamen, dass man kaum

---

[1]) Ueber Leben und Schriften Albert's ist vielfach gehandelt worden. Wir verweisen denjenigen, der sich sowohl über Leben und Schriften wie über die Literatur, die sich an sie knüpft, orientiren will, auf die Monographie von Dr. Sighardt: „Albertus Magnus. Sein Leben und seine Wissenschaft. Regensburg, 1857." Albert ist 1205 (Maimonides starb 1204), nach Anderen schon 1193 in Lauingen im baierischen Schwaben geboren, studirte in Padua, trat in den Dominicanerorden und lehrte in Cöln, später auch in Paris, von wo er jedoch wieder nach Cöln zurückkehrte. Daselbst starb er 1280, nachdem er vorher Bischof zu Regensburg gewesen war. Sighardt zählt S. 288 ff. die Unzahl von Schriften auf, die Albert zugeschrieben werden, und bestimmt nach den kritischen Untersuchungen von Jammy und namentlich J. Quétif die Echtheit oder Unechtheit derselben. Zu rügen ist, dass Sighardt, obwohl ihm Jourdain's Untersuchungen bekannt sind (Forschungen über Alter und Ursprung der lateinischen Uebersetzungen des Aristoteles von Jourdain, aus dem Französischen übersetzt von A. Stahr), dieselben dennoch nicht zur Genüge benutzt, da er beispielsweise die Zweifel, die dieser S. 326 gegen die Echtheit der Politik des Albert vorbringt, nicht berücksichtigt. Indessen entscheidet sich Jourdain selbst nur für späte Abfassung, nicht für Unächtheit der in dem 4. Bande der Jammy'schen Edition sich findenden libri octo Politicorum. Wir citiren in unserer Abhandlung nach der einzigen Gesammtausgabe aller zur Zeit der Ausgabe bekannten Werke des

berechtigt zu sein scheint, von dem Verhältnisse Albert's zu einem einzelnen Autor zu reden, und wäre dieser Autor selbst — Moses Maimonides. Denn wenn auch der Name des „Rabbi Moses aus Aegypten" gar häufig in Albert's Büchern zu lesen ist, so kann man doch mit Recht fragen, wie viele Philosophen und Gelehrtennamen, die entweder intact oder verstümmelt[1]) zu Albert's Kenntniss gelangten, denn überhaupt in seinen Büchern fehlen. Freilich sind es nicht allein und nicht einmal hauptsächlich die Stellen, in denen Maimonides namentlich angeführt wird, die uns über Albert's Verhältniss zu ihm belehren. Höchstens können diese ausdrücklichen Citate uns darauf führen, den Spuren von Benutzung weiter nachzugehen. Es handelt

---

Albert: B. Alberti magni opera in lucem edita studio R. Petri Jammy XXI Vol. Fol., Lugduni 1651, und schliessen von der Benutzung selbstverständlich aus die von der Kritik als unecht bezeichneten Schriften, die in unsere Edition gekommen sind. Ausserdem bemerken wir, dass die meisten uns interessirenden Schriften Albert's, wenigstens sämmtliche sogenannte physische Schriften, wahrscheinlich vor 1250, sicher jedoch vor 1264 verfasst sind (vgl. Jourdain - Stahr S. 288). Da nun diese Schriften eine vertraute Bekanntschaft mit dem More Nebuchim des Maimonides zeigen, so ist die Thatsache, dass Maimonides' More nicht gar lange nach dessen Erscheinen in hebräischer Uebersetzung auch für das christliche Abendland in's Lateinische übertragen wurde, unzweifelhaft. Der Titel, unter dem die Maimonidische Schrift bei Albert auftritt, ist: „dux neutrorum" (t. 18. 2 pars summae theol. S. 58). Auf diese alte Uebersetzung weist auch Justinianus, der den More 1520 übertragen hat, in folgenden Worten seiner in Wolf's Bibliothek (III, 781) abgedruckten Vorrede hin: „Hunc vero ejusdem librum, qui inscribitur director dubitantium jampridem in nostrum sermonem versum constat ab interprete, cui magis curae fuit (ut illis temporibus) sententias utcunque exprimere."

Die wegen der Fülle des Stoffes und wegen der in manchen Fragen schwankenden Haltung Albert's schwierige Arbeit, seine Meinungen zu einem systematischen Ganzen zu vereinigen, hat Richter unternommen in seiner Gesch. der Philosophie Band VIII.

[1]) Proben der sonderbarsten Namensverstümmelungen siehe bei Jourdain-Stahr S. 292 u. a. a. O.

sich nämlich nicht um einzelne Stellen, sondern um ganze Abhandlungen des Maimonidischen Werkes, des More Nebuchim, die in den Schriften Albert's reproducirt sind.

Aber auch so noch nicht gewinnen wir eine ausreichend richtige Vorstellung von dem Verhältnisse dieses berühmten Lehrers der katholischen Kirche zu einem der grössten Lehrer des Judenthums. Wer sich nämlich die Schriftenmenge Albert's obenhin ansieht, ohne über ihre Intention und ihr Wesen weiter nachzudenken, der wird sagen: Was bedeuten selbst ganze Capitel, die aus dem More Nebuchim in Albert's Bücher gewandert sind, gegenüber ganzen Folianten, in denen die Meinung der Kirchenlehrer für ihn maassgebend ist? Aber was sie bedeuten, das hat schon der nächste Nachfolger Albert's bewiesen, der an systematischer Kraft ihm überlegene Thomas von Aquin.

Albert war nämlich bei allem Scharfsinne im einzelnen sowohl von Natur als auch vermöge seiner geschichtlichen Stellung noch zu sehr Sammler und noch zu wenig systematischer Bearbeiter seiner Themata, um das Beispiel, das Maimonides gegeben hatte, genügend nutzen zu können. Er konnte und wollte ihn nur ausschreiben, wie er zahllose andere Autoren ausschrieb[1]), obwohl, was er ausgeschrieben,

---

[1]) Glücklich ist der Ausdruck Rénan's (Averroes et l'Averroïsme pag. 184): Albert a coutume de foudre dans son texte tout ce qu'il a entre le mains. Von jüdischen Autoren ausser Maimonides, die Albert benutzt, sind uns folgende begegnet: 1) der berühmte jüdische Arzt Isaac Israeli (der ältere), den er im Gegensatze zu der geringschätzigen Meinung, die Maimonides von seinen philosophischen Schriften hat, als den Hauptvertreter der jüdischen Philosophie vor Maimonides ansicht (tom. III metaphys. S. 375 sagt Albert: et Judaeus, qui ante ipsum (Maimonide,) fuit in philosophia magnus, qui vocatur R. Isaac) und von dem er sehr häufig Meinungen, zumeist aus „de definitionibus" und aus „de elementis" citirt. (Tom. I init; tom. V. de somno et vigilia S, 66 u. 98; „de nat. et origine animae S. 210 u. a. v. a. O.). Mit welchem Rechte er ihm schon die Identification der von den Philosophen angenommenen Sphärengeister

augenscheinlich Puncte betraf, in denen ein christlicher Theologe besser that, den Maimonides als den Aristoteles zu Rathe zu ziehen. Erst Thomas von Aquin benutzte nicht blos Maimonidische Stellen, sondern arbeitete im Geiste Maimoni's. „Der More Nebuchim ist der Vorläufer der Summa des Thomas," so urtheilt ein katholischer

---

mit den biblischen Engeln zuschreibt (tom. XVIII, 2 pars summae theol. S. 76), weiss ich nicht, ist wohl auch ungenau. Vgl. über Isaac: Grätz, Gesch. der Juden Bd. V., S. 283. Steinschneider, jüdische Literatur in Ersch und Gruber, S. 444. Jourdain - Stahr, S. 131. — 2) Avicebron=Ibn-Gebirol, dessen philosophische Meinungen ihn jedoch fremd anmuthen (tom. V. de causis et proc. universit. S. 562: specialem sibi fingens philosophiam) und der viel mehr Anklang fand bei dem Philosophen der Franziscaner Duns Scotus. — 3) Ein sonst nicht weiter bekannter David, den er aber als Judaeus und als Verfasser des Buches de causis bezeichnet, und dem er neuplatonische Lehrmeinungen nachschreibt im guten Glauben, daran die Lehren der Peripatetiker zu haben, so dass, während das erste Buch seiner Schrift: de causis et processu universitatis in der That die nur in den Systemlücken des Aristotelismus neuplatonisch verkitteten Meinungen der arabischen Peripatetiker enthält, vom zweiten Buche ab, wo er dem David folgt, umgekehrt die neuplatonischen Anschauungen vorwiegen und nur hie und da mit den peripatetischen ausgeglichen werden. Vgl. über David, Jourdain-Stahr, S. 192. — 4) Der jüdische Philosoph und Uebersetzer Avendeath (bei Albert tom. I. de praedicabilibus S. 91, Avendar), über dessen grossartige Thätigkeit als Uebersetzer Jourdain S. 122 ff. handelt und dessen Uebersetzungen Albert seine Kenntniss der logischen Schriften der Araber verdankt. Steinschneider vermuthet in seinem catalogus libr. hebr. in biblioth. Bodlejana (S. Artikel Aristoteles und Artikel Johannes Hispalensis), dass Avendaet eine Corruptel von Ibn-Daud, und dass dieser Ibn-Daud identisch sei mit dem vorgenannten David, dem Verfasser des Buches de causis. Die Zeit passt freilich und eben so wenig ist der Einwand von grosser Bedeutung, dass Albert denselben Mann einmal David und das andere Mal Avendar nennt. Sollte die Vermuthung richtig sein, so wäre (s. Jourdain l. l.) Johannes Avendaeth, Johannes Hispalensis und David eine und dieselbe Person. — 5) Der berühmte jüdische Astronom und Astrolog Maschallah aus Aegypten im 8. Jahrhundert, „seculi sui phoenix," wie ihn Abulpharag' (angeführt in Wolf's biblioth, III, S. 821) nennt, und von

Professor der Philosophie [1]) unter dem frischen Eindrucke der ihm durch die Munk'sche Uebersetzung bequem gemachten Lectüre des More, und so muss Jeder urtheilen, der sich aus dem vergleichenden Studium beider Männer überzeugt, dass Thomas, natürlich so weit die Verschiedenheit der religiösen Grundlagen es verstattet, in durchaus Maimonidischer Weise an die Versöhnung der Philosophie mit den von der Schrift gebotenen Anschauungen geht.

Wenn wir nichtsdestoweniger statt von dem Verhältnisse des Thomas von dem Verhältnisse Albert's zu Maimonides hier reden, so haben wir dafür mehr als einen Grund. Einmal war Albert, der etwa 40 Jahre nach Erscheinen des More schon als öffentlicher Lehrer wirkte, wenn nicht der erste, doch sicherlich einer der ersten christlichen Lehrer, die ihn benutzten. Dann bedeuten auch schon bei Albert die aus dem More benutzten Stellen mehr als ihr räumlicher Umfang besagt, obwohl selbst ihr räumlicher Umfang bei weitem grösser ist, als man das bis jetzt weiss oder ausspricht [2]). Endlich, ein Umstand, der auch Jourdain

---

dem Albert aus Auführungen bei Averroes ein Buch „de sphaera mota" kennt (tom. I de praedicamentis S. 120: quamvis Averroes de substantia orbis dicat, quod Meschalach probat in libr. de sphaera mota, quod corpus caeleste susceptibile sit raritatis et densitatis secundum suae substantiae mutationem). — 6) Ob er für seinen dem סוד הצמצום der Kabbalisten entsprechenden Begriff des contrahere, der bei ihm öfter vorkommt (vgl. Ritter 1. 1., S. 208), eine jüdische Quelle hat, weiss ich nicht.

[1]) Emile Saisset in der Revue de deux mondes vom 15. Januar 1862: Maïmonide est le précurseur de saint Thomas d'Aquin et le Moré Neboukhim annonce et prépare la summa theologiae.

[2]) Belehrend für die Unkenntniss des Verhältnisses Albert's zu Maimonides sind die Worte Sighartd's S. 357 Note 3: „Ebenso widerlegt er (Albert) die sieben Beweise des Rabbi Moses für die Ewigkeit der Welt." Kaum man unter diesem Satze verstehen, was doch der wahre Sachverhalt ist, dass er nach R. Moses alle Beweise für die Ewigkeit der Welt auf sieben zurückführt, um sie dann sämmtlich mit R. Moses und nach R. Moses zu wiederlegen? Und

wenigstens nicht ganz entgangen ist, war Maimonides insofern geradezu der intellectuelle Urheber der ganzen veränderten Richtung, welche die christliche Scholastik mit Albert nahm, als vorzugsweise der Ruhm seines Namens und seiner Leistungen, von denen besonders Süd-Frankreich wiederhallte, in den christlichen Lehrern den edlen und fruchtbaren Wetteifer entzündete, auch ihrerseits der Zeitphilosophie Rechnung zu tragen, des Aristotelismus in allen seinen Theilen sich zu bemächtigen und ihn in ein ähnliches Verhältniss zu setzen zur christlichen Lehre, wie es Maimonides zur jüdischen gethan hatte[1]). In Albert

---

doch war dieser Sachverhalt zum Theil schon aus der Ueberschrift des Capitels (tom. XVIII, 2 pars summ. theol., S. 58) zu ersehen: de septem viis quas collegit R. Moyses, quibus probatur mundi aeternitas.

[1]) Vgl. Jourdain-Stahr, S. 284. Ueber die veränderte Richtung welche die Scholastik im Anfange des 13. Jahrhunderts nahm, vgl. ausser Jourdain namentlich Ritter, Gesch. der Philosophie, Bd. VII, S. 633 bis 662. Dass vorzugsweise die jüdischen Philosophen in Südfrankreich und das Buch, um das sie sich schaarten, der More Nebuchim, diese veränderte Richtung herbeiführten, ist am klarsten Rénan geworden, der freilich nur von parallelen Richtungen in der jüdischen Philosophie und in der Scholastik spricht, aber gewiss nicht in Abrede stellen wird, dass die zweite parallele Richtung durch directen Einfluss eingeschlagen worden. Seine Worte, für die wir nicht vollständig die Verantwortung übernehmen, lauten (l. l. S. 145): Deux faits caractérisent cette seconde période de la philosophie juive: 1) le théâtre change: le fanatisme des Almohades en même temps qu'il étouffe la philosophie chez les Musulmans contraint la civilisation juive à refluer dans l'Espagne chrétienne, en Provence, en Languedoc. Barcelone, Sarragosse, Narbonne, Montpellier, Lunel, Béziers, Marseille deviennent les centres de ce nouveau mouvement. 2) La philosophie juive revêt trait pour trait (?) la physiognomie de celle des Arabes. Jusqu'à Maïmonide cette philosophie, quoique essentiellement péripatéticienne (?) se développe d'une manière assez indépendante. Saadia, Ibn-Gebirol, Jehuda Halévi rapellent la première scolastique (Abélard, Roscellin e. v. t.) antérieure à la traduction du corps complet de l'aristotélisme

sehen wir zu diesem Unternehmen den ersten grossen Versuch, und als solchen ersten grossen Versuch müssen wir einen namhaften Theil seiner zahlreichen Werke ansehen, wenn wir wissen wollen, was sie besagen. Was uns aber berechtigt, Albert's Arbeiten einen Versuch zu nennen, das ergibt sich nur aus einer Vergleichung der Arbeiten Albert's und der des Maimonides im Grossen und Ganzen. Maimonides schreibt für solche, welche die Zeitphilosophie kennen, welche von ihr beunruhigt die Naivität des Glaubens verloren haben und nur durch wissenschaftliche Vermittelung wieder zu demselben zurückgebracht werden können [1]). Er hat nicht nöthig, seine Leser erst zu Aristotelikern zu machen, um sie dann über den etwaigen Widerstreit zwischen Aristotelismus und Judenthum zu beruhigen. Er redet zu Philosophen. Sein More Nebuchim stellt daher auch nirgends Philosophie dar um der Philosophie willen [2]). Er setzt ein philosophisches System voraus. Anders Albert. Er hat den Aristotelismus und das Christenthum zu lehren. Er stellt sich zunächst die allein ein Menschenleben in Anspruch nehmende Aufgabe, den gesammten Inhalt der aristotelischen Schriften in einer Reihe von Schriften zu expliciren, die in Zahl und Reihenfolge denen des Aristoteles entsprächen [3]). Wenn man dazu

---

Moïse Maïmonide, Lévi ben Gerson au contraire, rapellent la seconde scolastique (Albert, saint Thomas) embrassant l'ensemble de l'encyclopédie péripatétique.

[1]) Das sind so ziemlich die eigenen Worte des Maimonides in seiner Vorrede zum More Nebuchim.

[2]) Das sagt er gleichfalls ausdrücklich More II, 2.

[3]) Tom. II. Anfang der Physik: Intentio nostra in scientia naturali est satisfacere pro nostra possibilitate fratribus Ordinis nostri nos rogantibus ex pluribus jam praecedentibus annis, ut talem librum de physicis eis componeremus, in quo et scientiam naturalem perfectam haberent et ex quo libros Aristot. competenter intelligere possent . . . . Erit autem modus noster in hoc opere Aristot. ordinem et sententiam sequi et dicere ad explanationem ejus

erwägt, dass er, der in einer unkritischen und ugeschichtlichen Zeit lebend, so ziemlich einer der unkritischsten und ungeschichtlichsten Autoren ist, viele neuplatonische Schriften für aristotelisch hält und deshalb gleichfalls in seine Darstellung zieht, dass er ferner in seinen „Digressionen" jede Controverse der verschiedenen aristoteleserklärer bespricht, und dass er endlich solche Abhandlungen supplirt, die ihm zur vollständigen Schliessung des aristotelischen Schriftenkreises nothwendig erscheinen: so wird man begreifen, warum er unter der Last dieser Vorarbeiten zu einer Aufgabe, wie sie Maimonides sich gestellt hat, noch gar nicht kommen konnte. Zwar hat auch er eine summa theologiae geschrieben. Aber gerade in dieser summa offenbart sich am deutlichsten, dass bei ihm noch kein eigentlich bestimmtes und bestimmbares Verhältniss zwischen Theologie und Philosophie sich herausgebildet hat, dass sie ihm beide noch neben einander stehen, ohne doch für einander da zu sein. Die Meinungen der kirchlichen Autoritäten, der sancti, werden citirt, neben ihnen die Ansichten der philosophi, aber von einer Gleichberechtigung oder auch nur Berechtigung der Philosophen den sancti gegenüber ist nicht die Rede. Entschieden wird immer nach dem Gen

---

et ad probationem ejus quaecunque necessaria esse videbuntur: ita tamen quod textus ejus nulla fiat mentio. Et praeter hoc digressiones faciemus, declarantes dubia subeuntia et supplentes quaecunque minus dicta in sententia philosophi obscuritatem quibusdam attulerunt. Distinguemus autem totum hoc opus per titulos capitulorum: et ubi titulus ostendit simpliciter materiam capituli, signatur hoc capitulum esse de serie librorum Aristotelis. Ubicunque autem in titulo praesignatur, quod digressio fit, ibi additum est ex nobis ad suppletionem vel probationem inductum. Taliter autem procedendo libros perficiemus eodem numero et nominibus quibus fecit libros suos Aristot. Et addemus etiam alicubi partes librorum imperfectas et alicubi libros intermissos vel omissos, quos vel Aristot. non fecit, et forte si fecit, ad nos non pervenerunt.

sichtspuncte, ob eine Meinung häretisch sei oder nicht [1]). Man würde aber fehlgreifen, wenn man glauben wollte, Albert habe sich hier nur mit innerem Widerstreben der kirchlichen Autorität gefügt. Vielmehr kommen wir hier auf einen anderen charakteristischen Unterschied zwischen ihm und Maimonides, der auch, abgesehen von der verschiedenen geschichtlichen Stellung beider Männer — Maimonides am Ende einer Reihe religionsphilosophischer Bestrebungen und sie gewissermaassen abschliessend und krönend, Albert am Anfange [2]) und versuchend — der auch, abgesehen davon, sagen wir, den Unterschied ihrer Leistungen genügend erklärt. Maimonides glaubte an die Philosophie und an die Fähigkeit der menschlichen Vernunft, die Wahrheit zu erkennen. Wenn er, wie jeder Besonnene, von den Schranken spricht, die unserem Erkennen

---

[1]) Es ist wohl unnöthig, durch einzelne Beispiele zu erhärten, was durch die ganze summa sich zeigt. Doch wollen wir, um eine Vor-, stellung davon zu geben, ein Beispiel statt vieler beibringen. Tom. XVIII 2 pars sum. theol., S. 309 setzt er sorgfältig auseinander, wie er das in seinen physischen Schriften, ohne etwas dagegen zu sagen, thut, die, wie er sagt, übereinstimmenden Ansichten der Philosophen über die Sphärenbeweger. Darauf fährt er fort: Sed quia haec omnia contraria sunt traditioni patrum et etiam fidei, sicut probat auctoritas Damasc. superius inducta, ideo aliter dicendum est, sicut ibidem dicit Damascenus. Er fügt dann noch folgende Worte des Ambrosius hinzu: Itaque illos suis relinquamus contentionibus, qui intimis disputationibus se refellunt. Nobis autem satis est ad salutem non disputationum controversia, sed praeceptorum veritas, nec argumentationis astutia, sed fides mentis. Und so wird an zahlreichen Stellen blos mit der Formel: „sed quia haereticum est dicere" eine philosophische Meinung als nicht acceptabel bezeichnet.

[2]) Man verkenne nicht, was wir damit sagen wollen, dass Albert am Anfange von religionsphilosophischen Bestrebungen stehe. Wir meinen am Anfange der Richtung, auf die wir oben S. 9 hingewiesen haben, während Maimonides keinesweges der erste seiner Richtung ist, vielmehr selbst auf seine Vorgänger verweist (More I, 71).

gesetzt sind, so spricht er von den Schranken der menschlichen Natur überhaupt, Schranken, die ihm nur mit dem Unterschiede des Mehr und Minder auch für die Propheten gelten[1]). Dagegen kennt er keine Herabsetzung des menschlichen Denkens im Interesse des Glaubens. "Wisse," sagt er in einem bemerkenswerthen Capitel seines More [2]), "dass der Glaube nicht Etwas ist, das man blos ausspricht, sondern das man vorstellt in der Seele, wenn man nämlich glaubt, dass es so ist, wie es vorgestellt wird. Wenn Du also, wo es sich um wahre oder für wahr gehaltene Meinungen handelt, Dich begnügst, sie in Worte zu fassen, ohne sie vorzustellen und an sie zu glauben, geschweige denn eine sichere Erkenntniss zu suchen, so ist das sehr leicht. Und so findest Du viele thörichte Menschen, die Glaubenssätze im Gedächtnisse bewahren, von denen sie schlechterdings sich keine Vorstellung bilden. Aber wenn Du Dir vornimmst, Dich zu erheben zu der erhabenen Stufe, der Stufe der Speculation, und eine Gewissheit zu haben, dass Gott einzig ist und zwar in einer wirklichen Einheit, so dass Du in ihm nichts Zusammengesetztes oder was potentiell in irgend einer Weise theilbar ist, findest, so musst Du wissen, dass Gott kein sein Wesen ausdrückendes Attribut hat, und dass es, so wenig es zulässig ist, dass er ein Körper sei, gerade so wenig zulässig ist, dass er ein wesenhaftes Attribut besitze. Derjenige, der glauben würde, dass er einig sei, aber zahlreiche Attribute besitze, der würde durch sein Wort wohl ausdrücken, dass er einig sei, aber in seinem Denken würde er ihn vielfältig denken." Maimonides kennt daher auch keinen solchen Unterschied zwischen natürlichem und übernatürlichem Wissen, der zum Gegensatze ausschlüge. Wohl unterscheidet er das pro-

---

[1]) Vgl. Jad Hachasaka, Jesode Hathora I, 10.
[2]) More I, 50.

phetische Wissen von dem Wissen durch Speculation. Aber der Inhalt auch des prophetischen Wissens ist durchaus ein der natürlichen Vernunft gemässer. Auch fühlt er sich nicht behindert, bei aller Anerkenntniss der göttlichen Wahl die physischen, psychologischen und ethischen Bedingungen für die Prophetie in der Seele des Propheten aufzusuchen, mit andern Worten die Prophetie zu erklären. Auf ganz anderem Standpuncte steht Albert, und die einfachste Charakteristik desselben wird durch zwei Zeilen seines elogium gegeben, das in unserer Edition seinen Werken vorgedruckt ist:

> Modum posuit artibus curiosis, ne ultra pergerent,
> Ostendit ubi desineret natura, unde inciperet gratia.

In der That, nach Albert ist zwischen dem natürlichen Wissen und dem Wissen durch Gnade eine unausfüllbare Kluft. In seiner Darstellung der Philosophie redet er als Physiker, in seiner summa als Theolog[1]). Die Grundwahrheiten des Glaubens sind nach ihm dem natürlichen Lichte der Vernunft nicht zugänglich. Die menschliche Seele habe für gewisse theologische Erkenntnisse keine Principien in sich, vermöge deren wir durch Instrumente sie diese Erkenntnisse erzeugen sollte. Was daher über oder neben diesen natürlichen Principien liegt, oder gegen sie ist, kann die Seele nur dann empfangen, wenn sie durch eine Art von Gnade oder durch Erleuchtung eines höheren

---

[1]) Das sagen nicht wir, sondern Albert selbst an vielen Stellen, Vgl. tom. V. de somno et vigilia am Schlusse: Est autem et aliud genus visionis et prophetiae secundum altissimos theologos, qui de divinis loquuntur inspirationibus, de quibus ad praesens nihil dicimus omnino: eo quod hoc ex physicis rationibus nullo modo potest cognosci: physica enim tantum suscepimus dicenda plus secundum Peripateticorum sententiam persequentes ea quae intendimus, quam etiam ex nostra scientia aliquid velimus inducere: si quid enim forte propriae opinionis haberemus, in theologicis magis quam in physicis, Deo volente, a nobis proferetur.

Lichtes emporgehoben ist[1]). Man sieht, dass Albert mit vollem Bewusstsein eine Scheidung des theologischen von dem philosophischen Erkennen vornimmt. Und nur künstlich gelingt ihm auch nur der wie eine Entschuldigung klingende Nachweis, dass die Philosophie überhaupt ein Recht habe, in religiösen Fragen mitzureden, also doch irgend ein positives Verhältniss zur Theologie habe[2]).

Aus diesem Standpuncte Albert's erklärt sich denn auch, was uns hier allein interessirt, sein eigenthümliches Verhalten gegenüber dem Maimonides.

Obwohl eine eingehende Lectüre der eigentlich so zu nennenden philosophischen Schriften Albert's uns überzeugt, dass ihm kaum eine philosophisch belangreiche Stelle des More Nebuchim, die er für seine Darstellung verwenden

---

[1]) Tom. XVII 1 pars sum. theol., pag. 32: Ad hoc dicendum quod philosophi proprio ductu naturalis rationis non potuerunt cognoscere trinitatem personarum. Anima enim humana nullius rei accipit scientiam nisi illius, cujus principia prima habet apud seipsam. Haec enim sunt quasi instrumenta quibus erudit seipsam et exit a potentia ad actum sciendi. Habet autem apud se quod una natura simplex et indivisa secundum unam essentiam et unum Esse non est in tribus personis a se invicem distinctis personaliter: et ideo supra hoc, vel praeter hoc, vel contra hoc nihil accipit, nisi aliqua gratia vel illuminatione altioris luminis sublevata sit anima. Vgl. 1. 1. S. 6: „et ex lumine quidem connaturali non elevatur ad scientiam trinitatis et incarnationis et resurrectionis" und andere Stellen.

[2]) 1. 1. S. 60: Tres rationes sunt, propter quas bonum est quaerere rationes credendorum. Una est, ut melius cognoscatur creditum. Melius enim cognoscitur quod duabus viis cognoscitur, quam quod una; et sic quod fide et ratione cognoscitur quam quod cognoscitur sola fide. Secunda est propter inductionem simplicium ad fidem quae facilius inducuntur per rationem persuasivam. Tertia est propter contradictionem infidelium convincendam, qui non possunt convinci nisi per rationem, quia scripturam non accipiunt.

konnte, entgangen ist[1]), obwohl selbst in seinen Summen, die sich noch ganz an den Gang des magister sententiarum

---

[1]) Albert's Kenntniss und Benutzung des More erstreckt sich auf alle drei Theile des Werkes. Denn selbst der Theil, der sich grösstentheils mit den Specialitäten der jüdischen Religionslehre, mit der Angabe des Zweckes nämlich aller jüdischen Ge- und Verbote, beschäftigt, ist, wenn wir nicht, wofür kein genügender Grund vorhanden, die Politik für unecht halten wollen, von Albert nicht ungelesen geblieben (vgl. tom. IV. Polit. S. 427, wo er des Maimonides Ansicht über Opfer ausspricht.) Ungleich stärker natürlich hat er den ersten und namentlich den zweiten Theil des More benutzt. Wir werden im Texte selbst auf solche Stellen eingehen, die geradezu eine Reproduction ganzer Abhandlungen sind, und verweisen hier nur vorläufig auf einzelne benutzte Stellen, welche die Allseitigkeit der Benutzung erhärten sollen. Für die Benutzung der im 1. Theile des More befindlichen Abhandlung über die Attribute Gottes spricht das ausdrückliche Citat (gemeint ist More I, 58) in de causis et processu univ. (tom. V, S. 593), woselbst Albert nach Maimonides die Bedeutung der negativen Erkenntniss Gottes auseinandersetzt. Ebenso wird kein Moreleser in dem Capitel desselben Buches (S. 651), das überschrieben ist: „quod ex omnibus inductis nihil vere affirmari potest de primo principio rerum" und das im Einzelnen ausführt, wie die Substanzialität, das Sein und die Einheit in verschiedenem Sinne von Gott und von den geschaffenen Dingen gesagt wird, den Einfluss des einschlägigen Capitels in More (I, 57) vermissen. Für die Benutzung des zweiten Theiles, den Albert in einer bereits oben kurz von uns berührten Stelle auch ausdrücklich als zweiten Theil citirt (tom. XVIII 2 pars sum. theol., S. 58: in secunda parte libri qui inscribitur dux neutrorum sive dubiorum quorundam probantium mundi aeternitatem), bringen wir als überflüssig kein Beispiel von Benutzung, sondern nur Beispiele, welche die Sorgfältigkeit der Benutzung veranschaulichen. In de causis et proc. univ., S. 859, sagt er in der Auseinandersetzung des Streites unter den arabischen Philosophen, ob der Himmel (die Sphären,) bewegt würde anima oder intelligentia (durch ein blos seelisches Princip, Phantasie, oder durch eine geistige Vorstellung): Contra hanc opinionem (sc. Avicennae, coelum moveri anima) disputat Averroes et Rabbi Moyses et multi alii philosophorum Arabum. Nun findet sich aber keine Polemik des Maimonides gegen die Meinung des Avicenna an der Stelle, wo Maimonides diesen Punkt bespricht (More II, 4). Nichts desto weniger ist Albert im Rechte, da eine sorgfältige Erwägung des Maimonidischen Ausdruckes zeigt, dass dieser

halten¹) und deren zum Theil specifisch christliche Themata
jeden fremden Einfluss ausschliessen, kein Kundiger hie
und da den methodischen und sachlichen Einfluss des
More Nebuchim vermissen wird²): so befindet er sich doch
häufig genug in hellem Gegensatze zu einem Manne, der

auf Seiten der Gegner des Avicenna steht. Vgl. über diesen Punkt
Munk, S. 53, Note 2 zu seiner französischen Uebersetzung des More.
S. 568 desselben Buches bemüht sich Albert in einem ganzen Capitel
die Meinung des Maimonides, der den Hervorgang des Mannigfaltigen
aus der einen und einfachen Ursache der Weisheit dieser Ursache zuschreibt und sich zu der neuplatonischen Ansicht von einem naturnoth-
wendigen Hervorgehen nicht bekennen will, mit der Meinung der alten
Peripatetiker auszugleichen. Dass dabei Albert keinen Unterschied
zwischen Peripatetikern und Neuplatonikern macht, wissen wir schon.
Interessant sind die Worte, mit denen er die entgegenstehende Ansicht
des Maimonides einführt: Rabbi Moyses autem solus ivit contra hanc
viam, theologizare volens. — Auch kommen oft Citate aus dem Gedächtnisse vor, die nur ungefähr das geben, was Maimonides sagt.

¹) Peter von Novara, der Lombarde, Schüler des Abälard, Lehrer
der Theologie zu Paris, st. 1164 (nach Andern 1160). Von seinem
Werke theol. christianae sententiarum libri IV erhielt er den Beinamen,
unter welchem er im Texte angeführt ist. Das Buch „stellt das System
der christlichen Theologie aus den Schriften der Kirchenväter, und
besonders des Augustin, dialectisch auf, so dass bei jedem Dogma die
Gründe und Autoritäten aus der Bibel und den Vätern dafür und
dawider aufgeführt werden, deren Vereinigung und Ausgleichung dann
auf alle Weise versucht wird." (Rixner, Gesch. der Philosophie zweiter
Band, zweite Auflage, S. 58) Vgl. über ihn die eingehende Darstellung
Ritter's Gesch. der Philosophie, Bd. VII, S. 474 ff.

²) Ausser dem in einer früheren Note angeführten ausdrücklichen
Citat aus der summa theol., das uns zu einer näheren Erörterung noch
Gelegenheit bieten wird, führen wir Folgendes an: Wenn Albert an
dem ontologischen Beweise des Anselmus und an den andern über-
kommenen Beweisen für das Dasein Gottes sich nicht genügen lässt,
sondern noch zwei andere hinzufügt, einen, welcher von der Bewegung
und einen anderen, der von dem eingeschränkten Sein ausgeht (I summa
theol. pag. 63), so schreiben wir das dem Einflusse des More zu.
Denn diese beiden Beweise nebst einem dritten, den Albert ebenfalls
kennt (de causis et processu univ. S. 534 und tom. III. metaphys. S. 73),
bilden, da der vierte vom ersten sich nicht wesentlich unterscheidet,

in philosophischer Weise zu lösen sich erkühnt, was nach Albert nur theologisch sich erkennen lässt. So macht er sich seine Widerlegung der aristotelischen und nacharistotelichen Beweise für die Ewigkeit der Welt (a parte ante) und seine Art, innerhalb des Aristotelismus von Creation zu reden vollständig zu eigen, so sehr er auch bemüht ist, selbst auf die Gefahr eines Widerspruches mit sich selbst hin, die Frage selbstständig, oder richtiger

---

die sämmtlichen überhaupt von Maimonides (More II, 1) für das Dasein Gottes gelieferten Beweise. Das Bild von der Sonne, auf Gott angewendet, ist freilich ein bekanntes neuplatonisches Bild. Aber, so wie Albert (I sum. theol. S. 31) dieses Bildes sich bedient, um die Unbegreiflichkeit Gottes zu veranschaulichen, gerade nämlich wie das Sonnenlicht wegen der Immensität seines Lichtes von dem Gesichte nicht wahrgenommen werden könne, gibt es sich sofort als das von Maimonides (More I, 59) gebrauchte zu erkennen. Der Satz, an dem Albert festhält, dass zwischen dem Endlichen und Unendlichen in keiner Beziehung Aehnlichkeit stattfinde (similitudo autem finiti et proprietas ad infinitum nulla est), und der denselben Sachverhalt anders ausdrückende Satz, dass dasselbe Attribut auf Endliches und das Unendliche angewendet durchaus nicht dasselbe bedeute (Deus non univocatur cum creatura in aliquo), ist Maimonidisch. Vgl. die sorgfältige Auseinandersetzung dieses Satzes More I, 56 u. a. a. St. Ebenso wenn Albert — es sei denn auf dem Wege der Gnade — keine andere Erkenntniss Gottes zulässt als via negationis. Das Kapitel im 1. Theil der Summa: Quid sit cognoscere Deum facie ad faciem, erinnert in dem, was als charakteristisch für die Erkenntniss Gottes, die Moses hatte, gesagt wird, an More I, 37. Die scharfsinnige Ansicht, dass das Uebel, weil eine Privation, auch nicht geschaffen ist und als solches auch keinen Schöpfer sammt den Beispielen von der Blindheit (summa theol. S. 151 ff. und S. 157) ist aus More III, 10 und anderen Stellen. Selbst in den Partien über die Gottesnamen, so sehr sie sich auch an Pseudo-Dionysius und an Kirchenväter anschliessen, wird nicht leicht maimonidischer Einfluss sich verkennen lassen. So namentlich in dem Capitel, das überschrieben ist: de nominibus privativis utrum praedicentur de Deo. Einzelnes ist zu unscheinbar, als dass es sich bequem zeigen liesse. Wir führen daher nur noch eine interessante exegetische Benutzung aus der summa de creaturis an:

mit Anlehnung an Augustin zu lösen[1]). Dagegen kann er ihm nicht mehr so unbedingt folgen in seiner Lehre über das Wesen der Prophetie. Die Prophetie ist eben

Albert summa de creaturis (tom. XIX pars I pag. 231).	Maimonides More Nebuchim (tom. II cap. 30).
Deinde quaeritur de his quae facta sunt secunda die . . . . . tantum duo restant quaerenda scilicet . . . . . quare secunda dies non habet benedictionem? non enim ponitur ibi verbum significans actum benedictionis sicut in aliis . . . . . Nec etiam ponitur ibi verbum notans approbationem sicut „vidit Deus quod esset bonum." Dicendum quod opus secundae diei dependet ab opere tertiae diei eet.	Was Deine Aufmerksamkeit ferner verdient, das ist der Grund, warum es beim zweiten Schöpfungstage nicht heisst כי טוב (dass es gut sei). Du kennst die Meinungen, welche unsere Lehrer darüber geäussert haben nach ihrer Auslegungsmethode. Von diesen Meinungen die annehmbarste ist, dass „das Werk des Wassers noch nicht vollendet war." So oft man nämlich von einem der Schöpfungswerke spricht, dessen Dasein sich verlängert und hinzieht, bis es zu seinem endgültigen Zustande gelangt, sagt man nicht, dass es gut sei u. s. w.

[1]) Die Belege werden folgen. Nur vor einem Missverständniss müssen wir warnen. Im Buche de coelo et mundo (tom. II S. 57) findet sich folgende Stelle: Dicamus igitur incipientes, quod antiqui philosophi loquentes de factura mundi, quotquot praecesserunt sectam Peripateticorum, convenerunt in hoc quod coelum et mundus essent inchoata per physicam generationem: sed tamen in modo illius generationis differebant quidam inter se physici triplici diversitate. Fuerunt enim quidam inter eos qui dixerunt, quod mundus quidem per generationem quae fit ex materia incepit, sed durabit in sempiternum et ideo in tota temporis duratione non habebit principium materiale aliquod ad quod resolvatur, quemadmodum res corruptibiles resolvuntur propter quod etiam in toto tempore nunquam habebit finem. Et hujus quidem sententiae auctor fuit Plato apud antiquos Stoicos (diese Bezeichnung des Plato ist eine Kennern des Albert nicht unerwartet kommende historische Monstrosität) et postea parum ante nostra haec tempora renovavit eam Moyses Aegyptius Philosophus Judaeorum. Man könnte nach dieser Stelle leicht glauben, als habe Albert die Ansicht des Maimonides über Weltschöpfung für identisch mit der des

nach Albert dem lumen naturale nicht mehr zugänglich. Man glaube aber darum nicht, dass er die klassische Auseinandersetzung des Maimonides über diesen Punkt überhaupt nicht benutzt. Sie ist den Schriften Albert's eingearbeitet, nur dass sie bei ihm herabgesetzt ist zu einer Theorie der natürlichen Prophetie, wie sie auch in der heidnischen Welt vorgekommen sei. Man hat sie daher auch nicht in seiner summa theologiae, sondern in seinen physischen Schriften zu suchen. Vollends die tiefsinnige Art, wie Maimonides, auf Bibelstellen gestützt, viele prophetische Visionen als innere Vorgänge bezeichnet eine Auffassung, welche die rationalistische Auffassung des vorigen Jahrhunderts bereits anticipando überwunden hat und allein ausreicht, die lange noch nicht genügend, gewürdigte Grösse des jüdischen Denkers in hellster Beleuchtung zu zeigen, ist in den Augen Albert's nur „ein frivoler Versuch, die Meinungen der Philosophen auf die Aussprüche des Gesetzes zurückzuführen"¹). Wahrhaft naiv klingt seine überaus häufig wiederholte Versicherung, dass nicht etwa die alten Philosophen, sondern lediglich Juden, wie Isaac Israeli und Maimonides, die Sphärengeister mit

---

Plato gehalten, und, da aus anderen Stellen hervorgeht, dass Albert in dieser Beziehung das Richtige wohl gekannt, dieser Stelle gegenüber rathlos sein. In der That aber soll nach Albert nur in der Meinung des Maimonides, dass die Welt a parte post ewig sei (More II 27—29), eine Renovation der Platonischen Ansicht liegen. Von Maimonides Ansicht über den Ursprung und Anfang der Welt ist hier nicht die Rede. Dass im Uebrigen diese historische Construction eine wunderliche ist, muss auf Rechnung der wirren geschichtlichen Vorstellungen jener Zeit geschrieben werden.

¹) 2 summa theol. S. 76: Sed aliud quod objicitur de intelligentiis, dicendum. quod hoc frivolum est dicere, sicut bene probant objectiones et nos inferius ostendemus. Nec hoc dixerunt primi philosophantes, sed quidam Judaei, Rabbi Moyses scilicet et Isaac, frivole volentes reducere opiniones Philosophorum ad dicta legis. Unde etiam Rabbi Moyses dicit quod Angeli non veniunt ad nos nisi in signis per visiones somniales et in effectibus per immutationes corporum.

den Engeln identificirt hätten[1]). Gerade als ob Maimonides nicht eben, um die crasse Auffassung der Theophanien unmöglich zu machen und sie lediglich als Mittheilungen des Geistes an den Geist hinzustellen, die Engel selbst als rein geistig und ihre sinnliche Erscheinung lediglich als das Resultat der Reaction des Prophetengeistes gegen die Sollicitation des Engelgeistes gelehrt hätte. So fühlt sich Albert beständig von Maimonides zugleich angezogen und zugleich abgestossen und überlässt den Ruhm, wenigstens nach einigen Seiten hin, mit grösserer Freiheit den Rabbi Moses sich zum Vorbild zu nehmen, dem Manne, der bekanntlich das theologische System Alberts verdunkelt hat, seinem Nachfolger Thomas von Aquin.

Es ist nun, nachdem wir so das Verhältniss beider Philosophen zu einander im allgemeinen festgestellt, kaum noch dankenswerth, wenn überhaupt thunlich, auf jede einzelne Stelle im Albert, welche die Maimonidische Schrift in's Gedächtniss ruft, des Näheren einzugehen, zumal wir bemüht gewesen sind, jede unserer Behauptungen, soweit sie dessen bedurfte, mit Citaten aus Albert zu belegen. Nur für einen Punkt sind wir den Beweis schuldig geblieben, weil er seiner Natur nach nur durch ein specielles Eingehen auf den Text des Albert erhärtet werden kann. Es ist dies die Behauptung, dass ganze Abhandlungen des More in den Schriften Albert's sich reproducirt finden.

---

[1]) Vgl. die vorhergehende Note. Vgl. auch de causis S. 563, wo sich Albert weniger stark, wenn auch nicht minder entschieden ausspricht: Ordines enim intelligentiarum quos nos determinavimus quidam dicunt esse ordines Angelorum: et hoc quidem dicunt Isaac et Rabbi Moyses et ceteri philosophi Judaeorum. Sed nos hoc verum esse non credimus. Ordines enim Angelorum distinguuntur secundum differentias illuminationum et Theophaniarum, quae revelatione accipiuntur et fide creduntur et ad perfectionem regni caelestis ordinantur in gratia et in beatitudine, de quibus philosophia nihil potest per rationem philosophicam determinare.

Wir hatten dabei Maimonides' Abhandlung über die Prophetie und desselben Abhandlung über die Weltschöpfung im Auge. Beide sind verkürzt wiedergegeben, die eine in Albert's Abhandlung über die Divination, die im fünften Bande der Jammy'schen Edition S. 93—103 zu lesen ist, die andere in Albert's Digression über ein für die damalige Speculation ungleich wichtigeres Thema, über die Weltschöpfung, die im zweiten Bande derselben Edition im achten Buche seiner Physic. S. 325—334 sich findet und ihre Parallelstelle hat im zweiten Theil seiner summa theologiae S. 53 ff.

Wir versuchen jetzt, das im Einzelnen nachzuweisen.

I.
Albert's Abhandlung über die Divination.

Wie bereits erwähnt, folgt Albert in seinen philosophischen Darstellungen dem Gange der aristotelischen Schriften, so dass seine Abhandlung über die Divination, wie bei Aristoteles, einen Theil der Abhandlung de somno et vigilia bildet. Was aber für denjenigen, der die Weise Albert's nicht kennt, noch der besonderen Erwähnung bedarf, ist, dass er auch in unserer nicht eben grossen Abhandlung auf viele Autorennamen und auf diese und jene von Maimonides nicht eingehend berührte Frage stossen wird, so dass leicht der Schein entsteht, als sei auch hier Maimonides nur Einer von den vielen benutzten Autoren. In Wahrheit aber ist alles, was wirklich psychologisches Interesse hat, aus dem More Nebuchim. So der Unterschied zwischen der Divination im Traume und der Vision, so ferner die Grundverschiedenheiten in den Anlagen der Menschen, aus denen sich ihre unterschiedliche Befähigung zur Erkenntniss des Zukünftigen und Verborgenen erklärt. Und nur für die, wenn wir so sagen dürfen, metaphysischen Fragen, namentlich für die Frage, ob die Divination Gott und den

Sphärengeistern oder anderen Ursachen zuzuschreiben sei, werden andere Autoritäten angeführt und eine eigene Meinung aufgestellt aus dem einfachen Grunde, weil ja hier im Unterschiede von Maimonides nur von einer gewöhnlichen und physischen, nicht theologischen Prophetie die Rede sein soll[1]). Albert beginnt damit (cap, 1), die Schwierigkeiten hervorzuheben, welche das Thema bietet. Diese Schwierigkeiten seien um so grösser, als noch keiner aufgetreten, der darüber etwas Befriedigendes gelehrt hätte (quia nullus omnino apparuit qui de hoc satisfecerit studiosis). Unter den Autoritäten aber, die wunderlich durcheinander gemischt von Albert aufgezählt werden, um den Mangel an Einhelligkeit in der Erklärung der Divination zu constatiren, wird auch Rabbi Moses aus Aegypten angeführt, von dem er sagt, er bekämpfe in diesem Puncte die auch unter sich uneinigen arabischen Philosophen[2]). Albert selbst nun

---

[1]) Dass wir den Grund, der Albert bestimmt hat, über die Ursache der prophetischen Träume eine eigene Meinung aufzustellen, um sie nämlich nicht auf Gott oder die Sphärengeister zurückführen zu müssen richtig erkannt haben, erhellt aus folgenden Worten Albert's S. 99: Nos autem in hoc opere tantum physice loquentes, videmus ex physicis nullo modo posse probari, a diis vel intelligentiis hujusmodi influentias venire in animas: scimus enim, quod omnium generabilium et corruptibilium motus reducantur sicut ad causam ad motum orbis: hic autem motus non est motoris simplicis, sed potius est motus compositi ex motore et mobili, sicut . . . . demonstratum est. Quidquid autem virtutis in tali composito movente est, non potest ad locum generatorum et corruptorum venire, nisi sit vehiculum quod vehat ipsum, sicut spiritus vehit virtutes animae per totam materiam quae subjacet moventi animae. Nec invenimus unquam probatum per philosophiam, quod intelligentia simpliciter per se physice aliquid agat vel causet . . . . , ... sic igitur nihil fit per deos et inutiles ad praevisionem futurorum.

[2]) Averro. enim hic impugnat Avicen. et iterum Algazel Abamidin (? Wohl Abu-Hamed, denn so heisst Al-Gazali), non per omnia inter se nec cum Avicen. concordantes impugnantur a Rabimoyse (!) de

drückt (cap. 2) die Schwierigkeit der Untersuchung so aus, dass er sagt, die Thatsache der Divination (der natürlichen) zu leugnen, besage so viel als mit der Erfahrung streiten; sie hinwiederum anzunehmen heisse behaupten, wir hätten ein Wissen, zu dem wir die Principien, aus denen dieses Wissen entstehen könnte, nicht in uns trügen [1]). Zur Lösung der Schwierigkeit will er zunächst (cap. 3) die verschiedenen Begriffe, die bei der Divination in Frage kommen, bestimmen. Es sind dies die Begriffe: Vision, Prophetie und Traum. Er wolle zeigen, meint er, dass die Vision, welche wie der Traum Weissagungskraft (Divination) habe, eben von dem Traume, und dieser von der Prophetie — Albert fügt vorsichtig hinzu, nicht von der die Theologen reden, sondern der natürlichen, die auch die Astronomen kennen — verschieden sei. Das Wort „Vision", führt er dann aus, wird in seiner eigenthümlichen Bedeutung angewendet auf das, was im wachen Zustande, ohne dass äussere Gegenstände der sinnlichen Wahrnehmung gegeben sind, gesehen wird, wie immer und aus welcher Ursache immer es gesehen werden mag, und ohne Unterschied, ob der Sehende Bewusstlosigkeit oder gar Ohnmacht dabei erfährt oder nicht[2]). Eine solche Schau, fügt er dann hinzu, heisse eine „Schau in der Prophetie" (visio in prophetia). Denn das Wort „Prophetie" selbst besage in seiner Bedeutung ein

---

Aegypto. Diese etwas corrumpirte Stelle kann nur den im Texte angegebenen Sinn haben.

[1]) Sumus igitur inter duo, quod autem videlicet dicamus, quod non sit aliqua scientia divinationis et tunc contradiceremus expertis ab omnibus vel pluribus: aut dicemus talem scientiam esse, et tunc dicemus nos habere aliquam scientiam, cujus in nobis nulla sunt principia, et quae sic fit et generatur in nobis, quod suae generationis in nobis nulla praeexistunt principia, quod est impossibile.

[2]) Dicamus igitur quod visio proprie dicatur, quod aversis sensibilibus et introrsum retractis videtur in vigilia, quocunque modo videatur sive ex quacunque causa, sive patiatur aliquis alienationem sive non, sive etiam patiatur aliquis syncopim sive non patiatur.

Erleuchtetwerden in zukünftigen oder sonst verborgenen Dingen, auf die man durch methodische Untersuchung nicht kommen könne, und zwar ein Erleuchtetwerden dadurch, dass der Geist (intellectus) des Erleuchteten — im Gegensatze zur Phantasie — ergriffen werde[1]). Der Traum dagegen habe es nur mit Phantasiebildern zu thun und komme nur im Schlafe vor. Deshalb stehe auch die Prophetie höher (nobilior est) als der Traum. Die Unterschiede, die sich ihm-ergeben, fasst er dann o zusammen. In der Prophetie ist es der intellectus, das höchste geistige Vermögen, welches eine Einwirkung erfährt. In der Vision ist es bisweilen die Phantasie und der Intellect, bisweilen auch blos die Phantasie. Im Traum ist es lediglich die Phantasie. Vision und Traum sind daher bisweilen bedeutungsvoll, bisweilen bedeutungslos.

Wir halten hier einen Augenblick inne. Der Kundige weiss sofort, dass alles hier über Prophetie, Vision, Traum Gesagte nur in einem viel tiefer begründeten Zusammenhange und mit fruchtbarer Anwendung auf die Erläuterung des Schriftwortes von Maimonides gesagt ist: „Was die Vision (מִרְאָה) (im Gegensatz zum Traume) anbetrifft," heisst es bei Maimonides[2]), „so ist das ein Zustand der Erregung und des Schreckens[3]), der über den Propheten kommt im wachen Zustande, wie das im Daniel (c. 10 V. 8 u. 9) deutlich gemacht ist. In einem solchen Zustande hört

---

[1]) Prophetia enim proprie dicatur, quando homo per raptum intellectus sui illustratur de scientia futurorum vel aliorum occultorum ad quae deveniri non potest per inquisitionem et rationem.

[2]) More Nebuchim II, 41.

[3]) Offenbar sollen die in der kurzvorhergegangenen Note citirten Worte Albert's: sive patiatur aliqua alienationem sive non e. et. die Erregung und den Schrecken, den Maimonides als mit der Vision nothwendig verbunden hinstellt, darum als nicht nothwendig bezeichnen, weil Albert von Maimonides glaubt, er habe diesen die Vision begleitenden Umstand nicht aus psychologischen Gründen, sondern von dem Bibelworte geleitet angegeben.

die Sinnenthätigkeit auf. Die Einwirkung richtet sich auf das geistige und von diesem auf das bildende Vermögen (Phantasie), so dass dieses sich vervollkommnet und seine Thätigkeit übt." Ebenso bildet das 36. Capitel des zweiten Theiles des More Nebuchim die leicht erkennbare Quelle für das über Prophetie und Traum von Albert Gesagte." Doch, um auch dem Bedenklichsten jeden Zweifel zu benehmen, dass wir es hier mit einer blossen Reproduction zu thun haben, citiren wir textgetreu die Worte Alberts, mit denen er seine Distinction der in Rede stehenden Begriffe abschliesst: „propter quod tradiderunt philosophi, quod somnium aliquod futurum praenuntians est casus a prophetia factus. Casus enim immaturus fructus decidens, qui tamen figuram et saporem fructus etiam aliquo modo praetendit." Ob Jemand, der an den Maimonides nicht denkt, wohl die Philosophen auftreiben wird, die das gesagt haben? In Wahrheit sind diese Philosophen keine anderen, als — die Talmudisten, oder richtiger die Midraschisten. Der Satz nämlich, dass „der Traum eine unreif abgefallene prophetische Frucht sei" (חלום נובלת נבואה), steht im Maimonides an der von uns bezeichneten Stelle und ist ein Citat aus Genesis Rabba c. 17 u. c. 44 [1]).

Nachdem Albert nun (cap. 4) einen Theil der früher beregten Schwierigkeit zu lösen versucht hat — die Frage, woher als Ursache die Divination in Träumen stamme,

---

[1]) Es kommt wiederholentlich vor, dass Albert unwissentlich die Talmudisten citirt. Vgl. oben S. 9 Note. Wir werden in unserer Abhandlung noch auf eine dritte Stelle stossen. Man kann sich hier des Gedankens nicht erwehren, dass ein so wissensdurstiger Mann, wie Albert war, schwerlich seinen Namen unter das Verbrennungsdecret, das in Paris 1248 auf Antrag des päpstlichen Legaten Odo über einige Bücher, die „Talmud heissen" erlassen wurde, gesetzt haben würde, wenn er den Talmud gekannt und geahnt hätte, dass es ihm leicht begegnen konnte, mit derselben Feder den Talmud zu verurtheilen und als Autorität zu citiren.

will er erst später wieder aufnehmen, hier nur darauf eingehen, woher es komme, dass der Traum die Zukunft meist in Metaphern zeige — nachdem er nämlich dargethan, dass die bildliche und darum dunkle Auffassung des Zukünftigen nicht in der mittheilenden Ursache, sondern in der Natur des Empfangenden, des Menschen, liege[2]), geht er (cap. 5) zu der Bestimmung über, welche natürliche Disposition die Seele zur Prophetie und zu Träumen befähige. Maimonides wird bei der Gelegenheit zweimal citirt, aber da die Bestimmung durchweg nach Maimonides ist, so glauben wir, wenn auch Albert bei seiner von der des Maimonides verschiedenen Anordnung Manches im More an zerstreuten Stellen Gesagte zusammennimmt, am besten zu thun, eine Confrontation beider Autoren eintreten zu lassen. Wir werden uns im methodischen Interesse für Maimonides der, wenn auch sehr mangelhaften, lateinischen Uebersetzung Buxtorf's bedienen, und würden am liebsten, wenn sie uns zu Gebote stände, die älteste lateinische Uebersetzung, als die eigentliche Quelle, aus der Albert geschöpft hat, angewendet haben.

Albertus (de divinatione c. 5).	Maimonides (More Neb. II, 37).
Adhuc autem ut perfecte intelligatur oportet scire, quod animae ad hujus visiones et somnia et prophetias triplex est in genere dipositio.	Necessarium est ut instruaris quoque de natura influentiae illius divinae, quae ad nos pertingit, qua intelligimus et qua intellectus hominis unius intellectum alterius vincit et superat.
Quibus enim est intellectus multum agens et clarus, illi per naturam sui intellectus multum superioribus substan-	. . . . Deinde

---

[1]) Quia ista relatio divinationis in metaphoris non est ex illustrante causa quaecunque illa sit, sed potius ex natura hominis qui talem accepit revelationem.

tiis congruunt: et cum tota anima sit instrumentum intelligentiae dicitur imprimere in eam quotiescunque influentia sit ei sui luminis . . .
. . . .
. . et ideo tales homines optime intelligere nati sunt et ad altissimas scientias quae sapientiae vocantur optime et secundum naturam dispositi. Propter quod et Moyses Aegyptius tales vocavit sapientes.

Sunt iterum aliqui optimam habentes organum phantasiae et imaginationis . . . . . Sed nisi adsit eis lumen intelligentiae, efficientur multiplices in rationibus phantasticis propter nobilitatem imaginationis et multiplicitatem: et ideo isti confundunt sophisticis veras sapientias et innituntur probabilibus et talia placent eis et sunt abundantes in rhetoricis et civilibus, quae omnia probabilitatem in imaginibus habent.

scias, si influentia ista intellectualis influat in facultatem rationalem solum nihilque propter materiae influentis paucitatem vel propter facultatis imaginatricis in nativitate imperfectionem, in facultatem imaginatricem destillet inde oriri sectam sapientum.

Quando vero influentia illa influit solum in facultatem imaginatricem; et in facultate rationali vel ex ipsa creatione vel ex defectu institutionis et exercitationis, imperfectio aliqua exsistit, exsurgit inde secta Politicorum, Jurisperitorum [1]), Legislatorum [2]), Divinatorum, Incantatorum, Somniatorum (de verbo somnia vera habentium) et praestigiatorum (de verbo qui res mirandas faciunt mira sollertia

---

[1]) Dem Jurisperitorum entspricht Nichts im Texte, so dass es wegzulassen ist.

[2]) Legislatorum. Wahrscheinlicher ist die Lesart der Handschriften die das ו copulativum im arab. Urtexte nicht haben (אלשׁרעי statt ואלשׁרעי), so dass die Worte Politicorum legislatorum einen Begriff ausmachen und eigentlich übersetzt werden muss: secta Politicorum qui leges constituunt. S. Munk's franz. Uebersetzung zur Stelle.

Sunt autem tertii per optimam (peroptimam) dispositionem habentes in utrisque tam in intellectu videlicet quam in imaginatione et organo .....: et illi sunt de habilitate naturae et vere somniantes et vere prae aliis visiones habentes et nonnunquam etiam clarissimas praenuntiantes prophetias.

in occultis artibus)[1]) qui omnes licet Sapientes non sint ad tertium hoc genus[2]) referuntur. Quando vero influentia illa in utramque facultatem, rationalem nempe et imaginitivam easque[3]) ab illarum creatione in summo gradu perfectas influit, exinde fit secta prophetarum.

Albert fährt dann fort, indem er die ethischen Vorbedingungen für das Prophezeien und die Erkenntniss wahrer Dinge in nicht construirbarer, aber dennoch ihrem Inhalte nach deutlicher Rede auseinandersetzt. Auch hier bietet sich leicht die sachgetreue Parallelstelle:

Albert (ibid.)
Si tamen ex hoc supponatur, quod aliis et praecipue exterioribus et corporalibus

Maimonides (M. N. II, 36).
His ita praemissis dico: Si fuerit homo, cujus ....
. . . . , ... , .

---

[1]) Dass Albert diese Klasse von Leuten nicht mit aufnimmt, hat seinen guten Grund, da Maimonides sie den echten Propheten gegensätzlich gegenüberstellen will, während Albert in der Abhandlung von echten Propheten überhaupt gar nicht zu reden gedenkt.

[2]) Das tertium hoc genus erklärt sich daraus, dass wir behufs der Parallelisirung die Reihenfolge der Maimonidischen Klassen umstellen mussten, da Albert als zweite Klasse hinstellt, was bei Maimonides die dritte Klasse bildet.

[3]) easque cet. So hat auch Ibn-Tibbon. Der arabische Text und die französische Uebersetzung Munk's geben das Richtige an, dass die angeborene Trefflichkeit sich nur auf die Phantasie bezieht. Denn nur sie, als nach Maimonides eine körperliche Kraft, hängt von der angeborenen Beschaffenheit des Körpers ab.

passionibus detineantur et ideo timor et corcupiscentia venereorum et sollicitudines et dissolutiones gaudiorum vanorum et tristitiae, propterea quod animum detineant, ad se trahunt imaginationem et turbant intellectum, ne moveri possit ab influentia descendente vel alia causa movente: propter quod multi sapientum dixerunt, sicut narrat Moyses Aegyptius, quod tempore concupiscentiae, tristitiae et timoris prophetae non prophetizant neque vera futura denuntiant [1]): oportet enim per studium longum et honestos mores et ordinationes affectuum animam ab exterioribus ad interiora revocare: et si hoc jam multo tempore factum, ita quod jam evanuerint simulacra accepta per sensus et passiones animam pertrahentes ad alia, tunc divinatio certior erit.

......; si animus et cor ejus valedixerint omnibus brutalibus voluptatibus cibi, potus, veneris et ante omnia [2]) sensui tactus (de quo optime Aristoteles cet.); si animus et cogitationes ejus sint liberae ab omnibus vanis desideriis et affectibus, ut ambitione, libidine dominandi, victoriae popularis aurae.......
.... si, inquam, vir ita comparatus fuerit, nullum dubium est, ... illum non nisi res divinas et admirandas apprehensurum, nihil praeter Deum etc'us an ;elos vi. arum. nullius denique rei scientiam habiturum et curaturum, nisi earum, quae verae sunt et quae ad communem hominum spectant utilitatem.

---

[1]) Die Stelle ist gleichfalls eine Stelle unseres Capitels. Der angeführte Satz ist ein talmudischer (Pesachim 117 a und an anderen Stellen) und lautet: אין הנבואה שורה לא מתוך עצבות וכו׳.

[2]) ante omnia ist ein Missverständniss, zu dem Ibn-Tibbon Anlass giebt durch sein בלבנ. Es muss heissen: denique, wie es bei Munk heisst en général, da auch die früher genannten voluptates als Objecte des sensus tactus hingestellt werden sollen.

In den nächsten Capiteln (6. 7, 8, 9) sucht Albert die Ursache für die angegebene Verschiedenheit der menschlichen Seelen in der Anlage zur Prophetie zu bestimmen, ferner auch damit im Zusammenhange die oben aufgeschobene Frage nach der Ursache überhaupt zu beantworten, durch welche die Divination in den Träumen bewirkt werde. Und hier ist es, wo er, wie das seine Weise ist, auf die Meinungen aller ihm bekannten Philosophen eingeht, die über diesen Punkt sich geäussert. So werden Avicenna und Al-Gazali, Averroes, Alfarabi, Isaac Israeli und selbst Plato gemustert, bis er denn zuletzt (cap. 9) eine eigene Meinung ausspricht, die uns für unseren Zweck nicht weiter interessirt Desto mehr Interesse bietet uns das darauf folgende Capitel (10), in welchem Albert die verschiedenen Grade der Divination durch Träume und wiederum der Divination durch Visionen bestimmt. Diese Grade erkennt sofort Jeder, der sich die Mühe gibt, den More Nebuchim nachzuschlagen[1]), nicht sowohl als genau die von Maimonides für die Prophetie aufgestellten — Maimonides lässt sich nämlich dabei auch von der Schrift leiten, während Albert, wie bereits wiederholentlich bemerkt, den theologischen Gesichtspunkt hier mit Absicht ausschliesst — als vielmehr nach ihrer Schablone gearbeitet. Gleich der erste Grad, den Albert aufstellt, ist kaum verständlich, wenn man nicht im Maimonides die nähere Erklärung sucht. Albert sagt: „Aliquando autem secundum infimum gradum suum non manifestat se (nämlich die Form, welche nach Albert als Ausfluss des allgemeinen Geistes der Seele des Träumenden sich mittheilt) nisi in quadam animi confidentia, qua homo concipit quandam audaciam et certitudinem aliquam praedicendi et faciendi." Die deutlicheren Worte bei Maimonides lauten[2]): „Der erste Schritt zur

---

[1]) More Nebuchim II, 45.
[2]) More Nebuchim l. l.

Prophetie ist, wenn eine göttliche Hülfe das Individuum begleitet, welche es für eine tugendhafte, grosse und hochwichtige That in Bewegung setzt und ermuthigt, wie beispielsweise eine Gesellschaft tugendhafter von einer Gesellschaft schlechter Menschen zu befreien, oder einen bedeutenden tugendhaften Mann zu retten, oder Gutes zu verbreiten über eine grosse Anzahl von Menschen, so dass dieses Individuum in sich Etwas findet, was es zum Handeln treibt und einladet. Das ist's, was man den „Geist des Ewigen" nennt und man sagt von dem Menschen, welcher sich in diesem Zustande befindet, dass „der Geist des Ewigen über ihn gekommen," oder dass „der Geist des Ewigen ihn bekleidet habe," oder dass „der Geist des Ewigen auf ihm ruhe," oder dass „der Geist des Ewigen mit ihm sei" und andere ähnliche Ausdrücke." Wir unterlassen es, die Vergleichung der prophetischen Grade weiter zu verfolgen, da der Hinweis genügt, können aber nicht ebenso unterlassen, darauf aufmerksam zu machen, dass gerade aus dieser Probe von Benutzung deutlich erhellt, was Albert aus den tiefen psychologischen Blicken des Maimonides gemacht hat. Maimonides wollte, soweit als möglich, die grosse und geschichtliche Thatsache der jüdischen Prophetie unserem Verständniss näher bringen. Albert benutzt die Maimonidi'sche Abhandlung, um eine Theorie aufzustellen von Etwas, wofür zwar Erfahrungen vorliegen, aber doch sicherlich Erfahrungen von weniger als blos zweifelhaftem Werthe. Daher trotz der Benutzung und trotz des aufgewendeten Scharfsinnes die Aermlichkeit unserer Abhandlung in den Augen des heutigen Lesers, während die Maimonidische Abhandlung ohne Frage noch heute Jedem imponirt, der sie in ihrem ganzen Zusammenhang überschaut. Das freilich konnte aus unserem Vergleiche nicht erhellen und muss der selbständigen Prüfung dessen, der sich davon überzeugen will, vorbehalten bleiben. Uns bleibt nur noch zu sagen, dass, nachdem Albert eine unsern Zweck nicht weiter berührende Digression gemacht (11), er im letzten Capitel (12) füher Gesagtes in einer Weise recapitulirt, die uns noch einmal Gelegenheit gibt zur Aufstellung einer so ziemlich wortgetreuen Parallelstelle:

Albert l. l.	Maimonides (M. N. II, 36).
Naturam enim et habitum prophetiae ille habet, qui optime dispositus est intellectu agente separato, bonum et perfectum adeptus est organum imaginationis, quod intellectui formas subministrando deservit, sicut diximus. Hic autem absque dubio ad actum prophetiae nequaquam deveniet sequens passiones concupiscentiarum naturalium et timores rerum variarum cet.	Has autem tres perfectiones, quas hic complexi sumus quod attinet, perfectionem videlicet facultatis rationalis in studendo, perfectionem facultatis imaginatricis in nativitate, et perfectionem morum seu qualitatum in puritate cogitationum ab omnibus oblectationibus corporalibus et immunitate affectuum ab omni superbia cet.

Albert schliesst, indem er die Vorahnungen des Socrates als Beispiel der Prophetie, von der er hier habe handeln wollen, aufstellt, und indem er diese noch einmal unterscheidet von der Prophetie, von der die Theologen reden, und die aus physischen Gründen überhaupt gar nicht erkannt werden könne. Wir gehen zur zweiten Abhandlung über.

II.

Albert's Abhandlung über die Weltschöpfung.

Das Thema unserer Abhandlung ist in einem noch höheren Grade als das voraufgegangene ein solches, das den Theologen Albert gleich sehr interessirt wie den Philosophen. Der Weltanfang oder die Weltewigkeit, die biblische oder die aristotelische Weltanschauung, sie liessen keine Ausgleichung zu. Man musste sich für die eine oder die andere Ansicht entscheiden. Zwar konnte Albert in seiner Physik sich ganz objectiv verhalten und nur als Interpret der aristotelischen Meinungen auftreten. In seiner Summa konnte er dann das Versäumte nachholen und vom theologischen Standpunkte aus gegen das natürliche Werden die Schöpfung durch das Wort geltend machen. Aber, so sehr Albert auch gewohnt ist, die beiden Gesichtspunkte, den physischen und den theologischen, auseinander zu halten, so bedenklich musste ihm doch und wohl noch mehr den Lesern, für die seine Abhandlung bestimmt war, ein solcher unvermittelter Widerspruch zwischen dem lumen naturale und dem durch Inspiration Erkannten erscheinen, und so dankbar musste er die Arbeit eines Mannes begrüssen, den er zwar nur als Philosophen anerkannte, dem es aber auch als solchem gelungen war, die aristotelischen Beweise für die Weltschöpfung zu erschüttern, ohne darum mit den Principien des Aristotelismus überhaupt zu brechen. Daher räumt Albert in seiner Physik so ziemlich dem grössten Theile der weitläufigen maimonidischen Abhandlung über diesen Punkt einen Platz ein. Sonderbar genug aber citirt er ihn nur für einzelne Punkte, nennt ihn aber nicht da, wo er ihn ganz ausschreibt sondern verspricht die Namen „der Autoren, die das geschrieben,"[1]) in der Metaphysik anzugeben, ohne dass dies dort in der erforderlichen Weise geschieht. Bei der literarischen Weitherzigkeit, die sonst in den Schriften Albert's sich documentirt, und mit der er ohne Unterschied jüdische, mohammedanische und heidnische Lehrer umfasst, kann es nur Furcht vor Missdeutung sein, die ihn abhielt,

---

[1]) Phys. 334: Nos autem omnia ista cum diligenti studio in prima philosophia tractabimus et inquiremus etiam exquisite, ubi ponemus nomina Auctorum qui haec scripserunt.

die Benutzung gerade des Hauptrepräsentanten der jüdischen Philosophie jener Zeit in ihrem vollen Umfange sehen zu lassen[1]). Auch in seiner summa übrigens nimmt er noch einmal die Maimonidische Abhandlung so weit wieder auf, als sie die Widerlegung der peripatetischen Beweise für die Ewigkeit der Welt enthält. Dagegen lässt er die positive Seite der Abhandlung liegen, um die Frage selbstständig und wie er sagt theologisch mit Anschluss an Augustin zu behandeln. Diese selbstständige Behandlung, obwohl sie in der Formulirung der Frage[1]) gleichfalls an Maimonides erinnert, ist aber philosophisch so unbedeutend, oder richtiger wegen der trockenen Syllogistik, mit der sie eine Frage behandelt, zu der Maimonides mit richtigem Takte die concrete Natur der Dinge verwenden zu müssen glaubte, so ungeniessbar, dass sie sich eher wie eine Pflichterfüllung denn wie eine Untersuchung ausnimmt.

Wir versuchen jetzt, die Thatsache zu constatiren dass die Capitel 11, 12, 13, 14, 15 des 1. Tractats des achten Buches der Pysik zum Theil nach More Nebuchim

---

[1]) Wenn das speculum astronomiae (Alb. opp. tom. V) echt ist, was von Manchem bezweifelt wird, so können wir daraus genügend das Misstrauen sehen, mit dem selbst religiös gleichgültige (astronomische) Bücher, die von Andersgläubigen abgefasst waren, angesehen wurden, so dass in der genannten Schrift die Vertheidigung eines Theiles derselben übernommen werden muss, eine Vertheidigung, die stellenweise ein sonderbares Licht auf die Angreifer wirft. So heisst es S. 687 nach Aufzählung vieler alten astronomischen Bücher der Griechen und Araber: Etiam seiunt inspectores praedictorum librorum, quod in eis non invenitur unicum verbum contra fidei catholicae honestatem: neque fortasse justum est, quod hi qui eos nunquam attigerunt, ipsos judicare praesumant.

[2]) Die Fragen sind: 1) Utrum probari possit, quod mundus sit aeternus eo modo quo probatur a quibusdam? 2) Utrum haec duo compossibilia sunt secundum intellectum, scilicet quod mundus a Deo factus sit et tamen duratione hoc modo sit aeternus, quod duratio ejus initium non habuerit?

II, 13 — 25 gearbeitet, zum Theil demselben wörtlich entnommen sind.

Albert beginnt (cap. 13) mit der Auseinandersetzung der Meinungen früherer Philosophen über die Materie der Weltentstehung oder Weltewigkeit, wenn auch Albert, wie es seine Weise ist, statt die Meinungen zu gruppiren und auf einander zurückzuführen, eine grössere Menge von Philosophennamen vorbringt, und wenn auch Maimonides nicht dafür verantwortlich ist, dass Albert, nachdem er neben anderen Philosophen den Epikur erwähnt hat, seine Uebersicht schliesst mit den Worten: Post omnes autem hos princeps philosophorum surrexit Aristoteles. Mit Maimonides richtet dann Albert seine Hauptaufmerksamkeit auf die Meinung des Aristoteles, dass weder die Bewegung noch die Welt jemals einen Anfang genommen habe, noch jemals in aller Zukunft aufhören werde. Für diese Meinung sagt Albert, haben wir zwar schon im Vorhergehenden die Gründe erörtert, wollen aber noch einmal darauf zurückkommen und die Gründe, mit denen die späteren Peripatetiker diese Meinung gestützt haben, zusammenfassen. Im Ganzen gibt es sieben Beweise, die von dem Aegyptier Moses, dem Philosophen der Juden, aus den verschiedensten Stellen in des Aristoteles Büchern gesammelt worden[1]). Darauf rechnet Albert genau nach Maimonides (cap. 14) die vier aristotelischen und die drei späteren Beweise, denen er noch einen vierten, wie er ausdrücklich bemerkt, von Averroes gelieferten hinzufügt. Es bedarf hier keiner Parallelisirung, da Albert selbst sie als dem Maimonides entnommen bezeichnet. Das darauf folgende zwölfte Capitel des Albert entspricht dem sechzehnten des Maimonides

---

[1]) Die Worte lauten: cujus rationes licet fideliter posuerimus in praehabitis, tamen adhuc volumus redire et summatim ponere rationes quibus a posteris Peripateticis haec opinio est probata: et sunt in universo 7. collectae a Moyse Aegyptio Judaeorum philosopho, quae in diversis locis librorum Aristotelis colliguntur.

und ist durch seinen Inhalt geeignet, unsere Vorstellung, wie eingehend Albert sich mit dem Maimonides beschäftigt habe, noch bestimmter zu gestalten. Für denjenigen nämlich, der den More Nebuchim nur an Ort und Stelle zu Rathe zieht, entsprechen sich die beiden Capitel nur ganz im allgemeinen. Wie Albert sein Capitel überschreibt, als eine „digressio declarans rationes sophisticas aliquorum objicientium contra motus aeternitatem," so heisst es bei Maimonides: „Ich sage also, in Betreff alles dessen, was diejenigen unter den Motekallemin vorbringen, welche vermeinen, das Entstandensein der Welt bewiesen zu haben, dass ich diese Beweise nicht annehmen und dass ich mich nicht selbst täuschen will, indem ich die sophistischen Methoden mit dem Namen „Beweise" belege." Im besonderen jedoch scheint Albert sehr viele von Maimonides gar nicht berührte Punkte vorzubringen. Dieser Schein schwindet aber, wenn wir wahrnehmen, dass Albert nur einem Hinweis des Maimonides auf das von ihm im ersten Theil des More (cap. 74) gegen die Motekallemin Gesagte[1]) folgt und mit Recht das von Maimonides hier nicht erst Wiederholte einschiebt. So, um nicht zu ermüden, wollen wir nur einen der von Beiden als sophistisch bezeichneten Beweise für den Weltanfang aus dem ersten Theile des More und unserem Capitel parallelisiren.

Albert cap. 12.	Maimonides (M. N. 1, 74 via septima.)
Alia est quae fundatur super idem: quoniam si mun-	Via septima[2]) qua itidem recentiorum quidam utitur.

---

[1]) Maimonides sagt nämlich in unserem Capitel: „Ich habe bereits die Methode, durch welche die Motekallemin die Schöpfung der Welt erhärten, angeführt und Deine Aufmerksamkeit auf den Angriff gelenkt, zu dem sie Gelegenheit geben."

[2]) Die Uebersetzung ist nicht ganz genau. Via septima ist nur als Ueberschrift zu fassen. Es muss beginnen: recentiorum alius contendit stabiliri posse novitatem mundi per id e. c. t.

dus stetit semper, tunc generatio omnium specierum hujus mundi fuit semper, sicut est modo: ergo infiniti homines generati et mortui sunt in mundo: sed secundum philosophos anima hominis manet post mortem: ergo infinitae animae sunt actu manentes et exutae corporibus: ergo in numero animarum separatarum a corporibus est infinitum actu: et hoc est impossibile,

Vult hic stabilire novitatem mundi per id quod philosophi dicunt de animis, illas non interire, sed perpetuo superstites manere. Dicit si mundus est antiquus, semper homines aliquos mori infinitumque esse eorum qui moriuntur numerum[1]) et per consequens infinitas esse animas et quidem simul existentes. Atqui jam demonstratum est, hoc posterius esse falsum. existere posse plura numerabilia infinita simul et eodem tempore.

Zu diesem Beweise bemerkt Maimonides, es sei wunderlich, ein Unbekanntes durch ein noch Unbekannteres erhärten zu wollen, und wendet das talmudische Sprichwort auf denselben an: „Dein Bürge bedarf eines Bürgen." Und Albert schreibt ihm folgend: Quod autem inductum est de numero animarum exutarum a corpore, firmum est et forte valde, sed tamen indiget probatione, illa videlicet quod animae maneant post mortem. Die folgenden Capitel (13, 14, 15) sind in ihren Hauptzügen eine so treue Wiedergabe der Maimonidischen Gedanken, dass wir am besten zu thun glauben, wenn wir die Hauptstellen einfach parallelisiren. Freilich ist zu betrachten, dass Albert nicht wie ein Copist, sondern wie Einer, der in seiner Weise reproducirt, die Maimonidische Abhandlung wiedergiebt, so dass wir, indem wir der Reihenfolge der Gedanken bei Albert folgen, Manches von Maimonides erst später Gesagte behufs der Nebeneinanderstellung früher beibringen müssen. Am

---

[1]) Auch hier ist die Uebersetzung nicht in Ordnung. Es muss heissen: Dicit, si mundus esset antiquus (aeternus), hominum praeterito tempore infinito mortuorum futurum esse numerum infinitum.

interessantesten, weil die handgreiflichste Ueberzeugung verschaffend, ist die Uebereinstimmung in nicht gerade naheliegenden Bildern.

Albert wendet sich nämlich jetzt von den sophistischen zu den haltbaren Beweisen, dass die Welt durch Schöpfung einen Anfang genommen habe[1]). Er zeigt aber zunächst dass wer Weltschöpfung annehmen wolle, auch die Zeit für geschaffen halten müsse, da diese blos accidentell an der Bewegung sei und diese Bewegung eben als entstanden gefasst werden solle. Er zeigt demgemäss, dass der Ausdruck: Gott war vor der Welt, nicht das Vorhandensein der Zeit vor der Schöpfung voraussetze. Seine Worte und die entsprechenden maimonidischen lauten:

Albert cap. 13.

Dicamus ergo laudes dandas creatori universi esse, quod mundus a primo creatore solo Deo incepit post creationem, dicentes etiam tempus et motum cum creatione primi mobilis incepisse, et cum creatione primi motus qui est primo mobili quod est coelum intrinsecus. Non enim aliquis hominum sustinere posset, quod mundus non esset aeternus, si etiam ipse concederet, quod tempus fuisset ab aeterno: propter hoc quod

Maimonides (II. 13.).

Prima sententia est eorum qui credunt legi Doctoris nostri, haec videlicet: Mundum totum, h. e. omnia entia praeter Creatorum post puram putam privationem existentiam suam a Deo accepisse . . . . praeterea tempus ipsum esse ex iis quae creata sunt quia tempus sequitur motum. Motus autem accidens est in remota; et res mota, cujus motum tempus sequitur, est innovata et facta postquam non fuit.

---

[1]) Man kann sich leicht durch die Worte Albert's mit denen er diesen Uebergang macht, täuschen lassen: Jam nunc tempus esse videtur, ut circa mundi facturam nostram dicamus opinionem et fidem et rationibus eam confirmemus quantum possumus. Es soll, wie aus dem Zusammenhang ersichtlich, darum doch nicht seine Meinung sein, sondern die „der Autoren, die das geschrieben."

tempus est passio motus: et posito tempore aeterno sequitur motum fuisse aeternum: et tunc etiam sequeretur mobile fuisse ab aeterno . . . .

Dicamus igitur Deum aeternitate praecedere mundum: et quotiescunque dicitur mundum fuisse ante et mundum post, non vocant haec verba nisi ordinem aeternitatis ad tempus et non tempus: et dicimus aeternitatem esse indeficientem sine principio et sine fine durationem et ideo ad tempus comparabile.

Quod autem attinet illud quod dicitur, Deum fuisse vel exstitisse antequam crearet mundum, ubi verbum „fuit" vel „exstitit" videtur docere de tempore, atque adeo ea omnia, quae nobis in hanc sententiam in mentem veniant ex Dei existentia infinita ante creationem mundi [1]): sciendum est, ibi non verum tempus intelligi, sed tantum dici de aestimatione vel imaginatione temporis.

Albert knüpft hieran eine Bemerkung, die Maimonides erst später beibringt.

Albert ibid.

Et propter hoc nihil omnino quaerunt, qui inquirunt causam, quare tantum exspectavit (sc. Deus), donec fecit mundum? Quia si tot annis stetisset mundus, quot grana milii posset (possent) jacere in concavitate cir-

Maimonides (ibid. 14).

Sed porro ex inconvenienti et absurdo sic argumentantur: Quomodo fieri potest, ut creator ille excellentissimus fuerit otiosus et nihil omnino fecerit nihilque aeternum innovarit, cum existentia ejus sit aeterna et infinita, sed ab hesterno

---

[1]) Diese undeutlichen Vordersätze müssen ihrem wahren Sinne nach (s. Munk's Text und franz. Uebersetzung) heissen: Et quod dicitur Deus fuisse vel . . . . . de tempore itemque quod sequitur inde, ut existentia ejus ante mundi creationem producta sit in infinitum: non verum tempus intelligitur e. ct.

cumferentiae primi caeli vel etiam tot milibus annorum, eadem posse esse quaestio, quae quaeritur hoc modo. Et horum omnium ratio sufficiens habetur ex praehabitis. quasi tantum die[1]) mundum hunc condiderit? Quamvis enim e. g. diceres, deum multos mundos creasse ante istum et quidem tot, quot grana sinapis tota sphaera suprema potest capere, et quemlibet totidem annis stetisse; perinde tamen hoc esset ad exsistentiam dei infinitam, ac si diceres Deum heri creasse mundum.
Darauf leitet Albert eine Untersuchung ein, die den eigentlichen Nerv der Maimonidischen Beweisführung bildet. Maimonides' Beweisführung ist nämlich folgende: Wer Ewigkeit der Welt (a parte ante) annimmt, der kann nicht zugleich von Freiheit und Absicht des die Welt hervorbringenden Schöpfers reden. Folglich liegt dem die Schöpfung Leugnenden zum mindesten die Pflicht ob, alles aus Naturnothwendigkeit zu erklären. Das sei aber unmöglich. Diese Unmöglichkeit nun glaubt Maimonides am besten nachweisen zu können durch den Widerstreit zwischen den von Aristoteles aufgestellten physischen Gesetzen und den diesen Gesetzen widersprechenden, aber durch die Thatsachen gebotenen astronomischen Annahmen über die Sphären und ihre Bewegungen. Maimonides zeigt das sehr eingehend[2]) und kommt zu dem Resultate, dass man zur befriedigenden Erklärung der meisten Erscheinungen

---

[1]) Die Uebersetzung ist ungenau, namentlich geben die Worte: nihilque aeternum innovarit weder den richtigen noch überhaupt einen erträglichen Sinn. Vielmehr muss von „et nihil omnino fecerit" ab so geändert werden: neque quidquam omnino fecerit in tota quae praeteriit aeternitate et cum nihil fecerit in tota exsistentiae suae perpetuitate quae est infinita, inde ab hesterno quasi die inceperit mundum hunc condere.

[2]) Sowohl cap. 19 als auch cap. 24 sind dieser Untersuchung gewidmet.

an den Himmelskörpern die Absicht eines Beabsichtigenden annehmen müsse. Albert drückt daher ganz richtig im Sinne des Maimonides den Gegenstand der Untersuchung so aus: "Dependet autem scientia hujus problematis a scientia alterius quod est, utrum per necessitatem naturae fluunt entia creata a prima causa vel per electionem voluntatis." Wir übergehen jetzt einige Einschiebsel von untergeordneter Bedeutung, um auf die Hauptsache zu kommen. Albert stellt nämlich jetzt folgerecht wie Maimonides den Aristotelikern die Aufgabe, ihm aus Naturnothwendigkeit die Mannifaltigkeit der Welt zu erklären. Die sich am bequemsten zur Parallelisirung eignenden Stellen [1]) lauten:

Albert ibid.	Maimonides ibid. 19.
Hoc habito procedo ulterius inquirendo causam omnis diversitatis, quae est in orbe tam in substantia quam in motibus. Video enim quod est in orbe stella et quod est in orbe circulus et est in orbe id quod movetur motu unico, et est in orbe quod movetur motibus pluribus uno et est in orbe varium et est in orl e corpus uniforme per totum, sicut nos probavimus in secundo libro de caelo et mundo: et est in orbe stans et non motum nisi per accidens,	Quod si Aristoteles posset rationem et causam reddere diversitatis motus sphaerarum et probare quod illa a diversitate situs illarum inter se invicem proveniret, sicut existimat, mirabile sane hoc esset . . . . . . Sed hoc manifeste repugnat ordini sphaerarum, sicut ostendi et clarissimum est ex existentia appropriationis sphaerarum et stellarum, cujus homo causam propriam reddere non potest aliam praeter intentionem Intendentis [2]). Quod enim sphaera

---

[1]) Gerade der Weitläuftigkeit wegen, mit der Maimonides die Sache behandelt, kann eigentlich nicht gut blos von einer Parallelstelle die Rede sein.

[2]) Von "sed hoc" ab ist ungenau übersetzt und interpungirt. Es muss heissen: Sed res non ita ordinata est, sicut exposui. Quod autem manifestius etiam reddit „determinationem" (appropriationem) esse in

ut stella, et est in orbe motum, sicut circulus deferens stellam et quaero ego hujus omnis diversitatis causam? Si enim dicatur quod materiae diversitas est causa diversitatis formae erit multipliciter inconveniens e. et. semper movetur et stella semper quiescit, id argumento est, materiam stellarum non esse eandem quae est materia sphaerarum . . . . Miror autem, quidnam sit illud quod conjunxit duas diversas istas materias e. et.

Ohne durch eine weitere Parallelisirung des Capitels den Leser ermüden zu wollen, machen wir nur noch auf die Gleichheit der gebrauchten Bilder aufmerksam. Albert sagt im Verlaufe des Capitels: „Ulterius ergo quaero utrum elementum ab illa sui causa quae producere ipsum jam probatum est, producatur sicut a causa agente per naturam et necessitatem, sicut calor producitur ab igne, aut figura in speculo a luce et objecto speculo." Maimonides drückt sich (cap. 20) aus: „Non tamen credit, quod necessitas exsistentiae mundi hujus a creatore h. e. a prima causa ita sequatur sicut umbra sequitur corpus, calor ignem aut lux solem."

Bei weitem interessanter in dieser Rücksicht jedoch ist das folgende Capitel Albert's (cap. 14). Hier sollen nämlich die oben nach Maimonides gesammelten Beweise der Peripatetiker für die Ewigkeit der Welt widerlegt werden. Sowohl diese Widerlegung selbst, als auch die

---

phaera coelesti, ita ut nemo aliam causam invenire possit eam determinantem praeter consilium divinae mentis cum consilio agentis, est ratio qua stellae comparatae sunt. Quod enim sphaera semper e. et. Ueber die Bedeutung der Determination an unserer und anderen Stellen sagt Munk (Theil I S. 426 Note 3 seiner französischen Uebersetzung: Détermination est un terme par lequel, comme on va le voir, les Motécallemin désignent l'action divine créant librement et déterminant chaque chose dans l'univers, sans être enchainée par une loi naturelle quelconque; c'est par sa seule volonté que Dieu fait chaque chose d'une maniere particuliére, tout pouvant être autrement qu'il n'est".

Bemerkung Albert's. Aristoteles selbst habe seine Behauptung, dass die Welt ungeschaffen sei, keinesweges für demonstrirbar gehalten, sondern erst die späteren Peripatetiker hätten die Gründe der Probabilität, die ihr Meister vorgebracht, für apodiktische Beweise genommen, ist dem Maimonides entnommen[1]). Der Mühe jedoch, das Alles weitläufig nachweisen zu müssen, überhebt uns Albert dadurch, dass er so ziemlich wortgetreu ein breit ausgemaltes Gleichniss des Maimonides wiedergibt. Maimonides' Haupteinwand gegen Aristoteles ist nämlich der, dass Aristoteles die Gesetze der schon gewordenen Welt in Anwendung brachte auf die Frage, ob diese Welt, also auch diese Gesetze, überhaupt ewig seien oder entstanden. Diesen Einwand erläutert er durch ein Gleichniss, das bei Maimonides und bei Albert folgendermassen lautet:

Albert (cap. 14.).

Sed sicut diximus, ratiocinatur de modo inceptionis principiorum naturae per modum inceptionis perfectae rei in natura, cum hoc non sit necessarium: aliter enim moveretur inesse (wohl moveren tur in Esse) principia etiam in una re quam ipsa res, sicut patet in embryone cujus natura est sanguis menstruus, qui stat in matrice et non alteratur ad generationem: et cum tangitur a spermate viri statim movetur et formatur:

Maimonides (cap. 17.).

Quod si vero hic erras et argumentari vis a natura alicujus rei in actu exsistentis ad naturam ejus exsistentis adhuc in potentia, plurima tibi orientur dubiae. et. Illustrabo rem exemplo. Si vir quidam perfectissimo et accuratissimo natus ingenio et intellectu naturali, cujus mater, posteaquam per paucos menses ipsum lactasset mortua sit; pater vero solus ipsum in quadam insula ab omnium hominum societate remota et separata educarit,

---

[1]) Gedachter Bemerkung widmet Maimonides ein ganzes Capitel, das fünfzehnte, der Widerlegung eine Reihe von Capiteln, namentlich das siebenzehnte und achtzehnte.

et tunc formatur cor et alia membra: et ventre aperto ad umbilicum nutritur in matrice et non spirat et non egerit nec digerit embryo, donec effunditur de utero matris: cum tamen horum motuum nullo moveatur postquam natus est infans. Et si forte removeretur postquam natus est a matre, et nutriretur ita quod nullam videret feminam donec esset grandis, incredibile esset ei, si quis diceret cum novem mensibus fuisse clausum in ventre hominis et non comedisse neque egessisse et habuisse umbilicum apertum et non spirasse: et forte fuisset rationatus in oppositum, dicens illum dicere falsum: eo quod videret. quod homo jam perfectus minori tempore non vivit nisi comedat, et egerat et spiret et hominem cito mori si clauditur in vase ampliori quam sit venter matris: et forte diceret impossibile fuisse, quod venter suus fuisset apertus ad umbilicum et postea umbilicum suum esse coligatum et praecisum, eo quod videret hominem mori qui parvum volnus accepit in ventre. Per omnem hunc modum volunt isti, quod donec adolevit et intellectum ac judicium adeptus est: puer autem nullam, inquam, viderit mulierem nec ullis ex brutis animantibus femellam. Quaerit proinde hic puer ex viro sibi adjuncto: quomodo et qua quaeso ratione facti sumus exsistentiamque nostram accepimus? Respondet interrogatus ille, unusquisque nostrum generatur in ventre cujusdam individui speciei nostrae nobis simillimi, quod femina vocatur et talis est figurae vel talis. In ventre autem exsistentes, exiguum admodum primo corpusculum habemus, movemur. nutrimur et paullatim crescimus ac vivimus, donec ad certam quandam magnitudinem pervenimus, tum aperitur inferius in corpore porta quaedam per quam eximus, nec tamen postea crescere desinimus usque dum ad hanc circiter (?) qua nos vides, quantitatem pertingimus. Puer ille orbus necessario statim iterum quaeret: Dum ita parvi fuimus in ventre, ibi viximus, nos movimus et crevimus, an quoque comedimus, bibimus et per os ac nares respiravimus? an excrementa ejecimus? Si respondetur ei quod non, ipse falsum sit de mundo jam incipiente secundum sua principia, quod falsum esse videtur in propagatione mundi qui jam est completus et perfectus. sine dubio hoc incipiet negare et demonstrationes exstruere ex impossibilibus, argumentando ab ente perfecto et dicet: Quilibet nostrum, si vel per unicam horam careat respiratione mori cogitur et omnes ejus motus cessant, quomodo ergo credi potest e. et.[1])

Hoffentlich wird man nach dieser Probe nicht zweifeln, dass Albert hier nichts Anderes gegeben hat, auch nichts Anderes hat geben wollen, als einen gedrängten Auszug aus der Maimonidischen Abhandlung. Wir unterlassen es daher, das jetzt wohlfeile Geschäft der Parallelisirung fortzusetzen, um etwa auch noch von dem Schlusskapitel der Abhandlung, dem fünfzehnten, nachzuweisen, dass es eine blosse Reproduction des zweiundzwanzigsten Capitels der Maimonidischen Abhandlung sei. Dagegen glauben wir auf ein Ergebniss aufmerksam machen zu müssen, das aus unserer Gesammtuntersuchung folgt und nicht ohne Einfluss bleiben darf auf die Darstellung der Meinungen aller mittelalterlichen Philosophen.

Die mittelalterlichen Philosophen, wie überhaupt die mittelalterlichen Gelehrten, sind, wie das auch sonst bekannt ist, nicht sorgfältig in der Angabe ihrer Quellen. Nicht um sich den Ruhm fremder Leistungen anzueignen, oder um den Ruhm Anderer zu verkleinern, sondern weil ihnen der geschichtliche Sinn abgeht, der die Meinungen durchaus in concreter Verbindung mit dem Autor, der sie ausge-

---

[1]) Maimonides malt das Gleichniss noch weiter aus. Da man es aber wohl bereits als identisch mit dem von Albert gebrauchten erkannt hat, so wollten wir das weitere Ausschreiben als überflüssig nicht fortsetzen. Die kleinen Ungenauigkeiten in der Buxtorf'schen Uebersetzung thun hier dem Sinn zu wenig Eintrag, als dass wir sie erst hätten anmerken sollen.

sprochen, mit der Zeit, die sie zur Reife brachte, mit der Umgebung, die ihr Entstehen begünstigte, fassen will. Es kann nichts Charakteristischeres geben als die Naivetät, mit der Albert selbst, trotz seiner Manie, Namen anzuhäufen, über diesen Punkt sich äussert. Es handelt sich um die Frage, ob περι ἑρμηνείας ein echtes, dem Aristoteles zuzuschreibendes Werk sei, was von Einigen bestritten wird. Albert erklärt, dass die Frage nach dem Autor ein gleichgültiges und auch nur in der Schule der Pythagoräer Mode gewesenes Geschäft sei[1]).

Aus dieser ihrer geringen Sorgfalt in Angabe der Quellen ergibt sich aber namentlich für die Darstellung eines philosophischen Systems eine wohl zu beachtende Schwierigkeit. In den meist voluminösen Werken der mittelalterlichen Philosophen sind eine Menge von Meinungen angehäuft, die sie selbst nicht als die ihrigen bezeichnen. Aber freilich ist die Angabe, dass wir es blos mit Citaten zu thun haben, meist so ungenügend, ihr Zwischenreden in die von ihnen selbst als fremd bezeichneten Lehren so täuschend und in die Irre führend, dass Nichts leichter begegnen kann, als dass man diese Autoren für fremdes Verdienst lobt und wohl auch einmal für fremden Unverstand tadelt. Nichts leichter beispielsweise, als den Albert darzustellen aus Partien seiner Schriften, die nach seiner eigenen Meinung ihn gar nicht vertreten sollen. So sagt, um durch einen Missgriff die Möglichkeit vieler Missgriffe in's Licht zu setzen, Sighart in seiner von uns citirten Monographie Albert's S. 314: „Hier (im 8. Buche der

---

[1]) Tom. I peri hermenias S. 238: Quod autem de auctore quaedam quaerunt, supervacuum est et nunquam ab aliquo philosopho quaesitum est nisi in scholis Pythagorae, quia in illis scholis nihil recipiebatur nisi quod fecit Pythagoras. Ab aliis autem hoc quaesitum non est: a quocunque enim dicta erant, recipiebantur, dummodo probatae veritatis haberent rationem. Causa enim efficiens extra rem est et ab ea res non habet firmitatem vel infirmitatem, sed potius a ratione dictorum.

— 47 —

Physik nämlich) findet sich auch seine Rechtfertigung gegen diejenigen, welche ihm bei der Bestreitung der Ewigkeit der Welt, die Aristoteles angenommen, den Vorwurf machen, er habe den Aristoteles nur nicht verstanden, oder warum denn dieser scharfsinnige Geist diese Wahrheit nicht erkannt habe? Er sagt: Wer glaube, Aristoteles sei ein Gott gewesen, der muss glauben, dass er nie geirrt. Wenn er aber glaubt, er sei ein Mensch, dann konnte er auch irren, wie wir." Sagt das Albert? Gewiss! Sighart citirt Stellen, und diese Stellen finden sich wirklich im Albert. Wie aber, wenn diese Stellen gerade in der Abhandlung sich finden, die Nichts sein will als eine Reproduction der Maimonidischen? Wie, wenn das die nur kürzer gefassten Worte des Maimonides selbst sind? Und so ist es in der That. Man kann alle diese Entschuldigungen und die Besorgniss: dass leidenschaftliche Menschen ihm vorwerfen werden, er verstehe wenig ihre (die Meinung des Aristoteles darstellenden) Worte oder entferne sich absichtlich von ihnen" im Maimonides ausführlich finden*). Ja selbst Ritter, dessen grosse Verdienste um die Gesammterkenntniss der Geschichte der Philosophie durch unbedeutende Ausstellungen weder verkleinert werden sollen noch können, hat es nicht unterlassen, Albert da zu loben, wo dieses Lob an eine andere Adresse gerichtet werden muss. Wenn Ritter beispielsweise (Band VIII S. 205 seiner Geschichte der Philosophie) von Albert sagt: „Sehr richtig schätzt er die Lehre von der Schöpfung, wenn er in ihr nichts anderes ausgedrückt findet, als den Gedanken, welchen wir an den Begriff des Geschöpfes knüpfen müssen, dass es angefangen habe zu sein, nachdem es zuvor nichts war" (quod incepit esse post nihil), so ist das bloss die Maimonidische Anschauung vom Geschöpf, wie die aus der Buxtorfischen Uebersetzung oben (S. XXI) angeführten

*) More 122 u. f. a. a. O.

Worte ergeben (More II, 13) et res mota, cujus motum tempus sequitur innovata et facta est, postquam non fuit. Und so liessen sich leicht ähnliche Beispiele aufführen Beispiele, die, wie sie im allgemeinen unsere Bemerkung bestätigen über die Gefahr, welche die Nichtangabe der benutzten Quellen für die Darstellung der Philosophen des Mittelalters bietet, so im besonderen zeigen, dass die Rücksichtnahme auf die Lehren der jüdischen Philosophen die unerlässliche Bedingung ist für das Verständniss der christlichen Philosophen des Mittelalters.

Druck von F. Huch's Buchdruckerei in Neisse.